D1708510

Plats mijotés

Plats mijotés

Collectif

MODUS VIVENDI

TABLEAU DES ÉQUIVALENCES
* 1 c. à thé au Québec équivaut à 1 c. à café en France

QUÉBEC	FRANCE
Babeurre	Lait ribot
Calmar	Encornet
Cassonade	Vergeoise ou sucre roux
Crème épaisse (35 %)	Crème Fleurette entière
Crème légère (10 %)	Crème Fleurette légère
Crème sure	Crème aigre (crème fraîche avec un filet de vinaigre)
Farine de blé entier	Farine type 110
Farine tout usage	Farine type 55
Fromage cottage	Fromage ricotta ou fromage blanc
Lait concentré non sucré Carnation	Lait concentré non sucré Gloria
Lait concentré sucré Eagle Brand	Lait concentré sucré Nestlé
Morue fumée	Morue
Papier parchemin	Papier sulfurisé
Poudre levante	Levure chimique
Soda à pâte	Bicarbonate de soude
Yogourt	Yaourt

© 2010, Anthony Carroll pour l'édition originale
© 2012, Les Publications Modus Vivendi inc., pour l'édition française

LES PUBLICATIONS MODUS VIVENDI INC.
55, rue Jean-Talon Ouest, 2ᵉ étage
Montréal (Québec) H2R 2W8 CANADA

www.groupemodus.com

Éditeur : Marc Alain
Éditrice adjointe : Isabelle Jodoin
Designers graphiques : Catherine et Émilie Houle
Traductrice : Claudine Azoulay
Relecteur : Guy Perreault

Dépôt légal — Bibliothèque et Archives nationales du Québec, 2012
Dépôt légal — Bibliothèque et Archives Canada, 2012

ISBN 978-2-89523-706-8

Tous droits réservés. Aucune section de cet ouvrage ne peut être reproduite, mémorisée dans un système central ou transmise de quelque manière que ce soit ou par quelque procédé électronique ou mécanique (photocopie, enregistrement ou autre) sans la permission écrite de l'éditeur.

Nous reconnaissons l'aide financière du gouvernement du Canada par l'entremise du Fonds du livre du Canada pour nos activités d'édition.

Gouvernement du Québec — Programme de crédit d'impôt pour l'édition de livres — Gestion SODEC

Imprimé en Chine

Recettes tirées du livre *Plats mijotés* de la collection *Cuistot*.

Avant-propos

Posséder une mijoteuse, c'est comme avoir un génie qui cuisine pendant votre absence. Quand vous arrivez chez vous, un repas délicieux vous attend, et il n'y a aucun nettoyage à faire puisque toute la préparation a été faite la veille au soir ou plus tôt dans la journée. Avoir une mijoteuse ajoute une note de relaxation dans la cuisine.

Un autre atout de la mijoteuse, c'est qu'on peut servir le plat dans l'appareil même, celui-ci pouvant en outre maintenir la nourriture chaude. La mijoteuse s'avère alors parfaite pour les buffets et les repas à la bonne franquette. Le réglage à faible intensité permet de tenir chauds des mets déjà cuits.

Le principe même de la mijoteuse reposant sur une cuisson prolongée, vous devez vous organiser à l'avance. Cela veut dire que vous démarrez le souper tôt dans la journée au lieu d'attendre le soir et de préparer quelque chose à la hâte. Vous pouvez même effectuer certaines tâches, par exemple couper la viande, peler les légumes et préparer tous les autres ingrédients, la veille au soir. Assembler la recette le lendemain matin ne prendra que quelques minutes si tout est préparé d'avance.

La cuisson lente, assurée par une température basse, procure une saveur délicate et un jus abondant, en plus d'empêcher les aliments de rétrécir, particulièrement la viande et la volaille. En outre, les aliments cuits à basse température conservent davantage leurs minéraux et vitamines. Le réglage à faible intensité assure une température de moins de 95 °C (200 °F) et l'intensité élevée correspond à une température d'environ 150 °C (300 °F).

Même si la mijoteuse est réglée à intensité élevée, vous remarquerez que cette température ne suffit pas pour faire dorer la viande. Il est donc préférable de faire revenir celle-ci dans une poêle ou au four avant de la mettre dans la mijoteuse. Cette étape rehaussera la saveur de votre plat. Pour un résultat encore meilleur, déglacez la poêle ou le plat à rôtir avec un peu de bouillon ou de vin et ajoutez ce liquide dans la mijoteuse.

Lorsque vous essaierez les recettes proposées dans cet ouvrage, les résultats vous étonneront grandement. Le seul problème auquel vous devrez faire face sera le choix de la prochaine recette à faire. En effet, tous les plats sont faciles à préparer avec des ingrédients locaux, cuisent quasiment tout seuls et procurent une réelle expérience gustative.

Nos chefs et notre personnel de cuisine ont exploré toutes les possibilités de la cuisson à la mijoteuse en testant des centaines de recettes, et le taux de réussite a été réellement très élevé. Nous avons eu de la difficulté à choisir les recettes que nous n'inclurions pas dans cet ouvrage. Nous avons toutefois la consolation de savoir que notre sélection finale est la meilleure du genre. Nous avons compilé les meilleurs ragoûts, currys, soupes, desserts, plats de viande, de poisson et de volaille, et mets végétariens.

Vous constaterez que les temps de cuisson varient considérablement, même lorsqu'on fait une recette pour la deuxième fois. En effet, ils dépendent beaucoup de la tendreté et de la texture des aliments qu'on fait cuire.

Si vous suivez les indications de base simples offertes dans cet ouvrage, vous découvrirez que vous pourrez adapter à ce mode de cuisson des centaines de vos recettes.

Comment nettoyer et entretenir votre mijoteuse

• Ne plongez jamais l'appareil dans l'eau. Retirez la cocotte et mettez-la dans le lave-vaisselle ou lavez-la à l'eau chaude savonneuse aussitôt que vous l'avez vidée. Ne versez pas d'eau froide dans la cocotte si celle-ci est encore chaude.

• N'employez pas de produits d'entretien abrasifs. Un linge, une éponge ou une spatule en caoutchouc devraient suffire pour éliminer les résidus. Au besoin, vous pouvez utiliser un tampon à récurer en plastique.

• Pour éliminer les marques d'eau ou autres taches, utilisez un détergent non abrasif ou du vinaigre et enduisez la cocotte d'huile d'olive pour lui redonner son éclat.

• La paroi intérieure de la cuve en métal peut être nettoyée avec un linge humide ou un tampon à récurer, ou encore vaporisée légèrement d'un produit d'entretien tout usage pour lui conserver son lustre original.

• La paroi extérieure de la cuve peut être nettoyée avec un linge doux et de l'eau tiède savonneuse puis essuyée. N'utilisez aucun produit d'entretien abrasif sur l'extérieur de la mijoteuse.

• Veillez à ne pas cogner la cocotte en céramique avec des cuillères en métal ou sur les robinets. Un coup brusque pourrait la briser ou l'ébrécher.

• Ne mettez pas d'aliments congelés ou très froids dans la mijoteuse si l'appareil a été préchauffé ou est chaud au toucher.

Conseils de sécurité

Quand on utilise des appareils ménagers électriques, quelques précautions d'usage s'imposent, dont les suivantes :

- Lisez les notices d'utilisation et familiarisez-vous avec l'appareil.

- Ne touchez pas les surfaces chaudes; utilisez toujours les poignées ou les boutons.

- Pour éviter les risques d'électrocution, ne plongez pas le cordon, les prises ou la cuve chauffante de l'appareil dans l'eau ou tout autre liquide.

- Une étroite surveillance s'impose quand la mijoteuse est en marche ou se trouve à proximité des enfants.

- Débranchez l'appareil quand il n'est pas utilisé, avant d'enlever ou de remettre des pièces et avant de le nettoyer.

- N'utilisez pas un appareil dont la prise ou le cordon sont abîmés, qui aurait subi un dysfonctionnement ou qui a été endommagé de quelque manière que ce soit. Retournez l'appareil à un service de réparation agréé afin de le faire vérifier, réparer ou ajuster.

- L'emploi d'accessoires non recommandés par le fabricant peut présenter un danger.

- N'utilisez pas la mijoteuse dehors ni sur une surface mouillée.

- Ne laissez pas le cordon pendre du comptoir ou de la table ou être en contact avec des surfaces chaudes.

- Ne posez pas les éléments de la mijoteuse sur un brûleur à gaz ou électrique chaud ou à proximité, ni dans un four chaud.

- Une extrême prudence s'impose quand vous déplacez l'appareil s'il contient de l'huile ou d'autres liquides chauds.

- Fixez toujours le cordon à l'appareil en premier; branchez-le ensuite dans la prise électrique. Pour éteindre la mijoteuse, réglez le thermostat à « off », puis débranchez le cordon de la prise électrique.

- Ne vous servez pas de l'appareil pour un usage autre que celui qui lui est destiné.

Les recettes

Pâté de dinde

6 à 8 portions · 30 minutes de préparation · 4 à 6 heures de cuisson

Préparation

Faire décongeler la cuisse de dinde et enlever autant de gras et de peau que possible. La mettre dans la mijoteuse avec les cubes de bouillon, l'oignon, le céleri, la carotte et sel et poivre au goût.

Cuire à faible intensité pendant environ 5 à 6 h ou à intensité élevée pendant 4 à 5 h. Vérifier la tendreté. Une fois cuite, retirer la cuisse de dinde de la mijoteuse, bien essuyer le surplus de gras et laisser refroidir. Détacher un maximum de viande de l'os, puis la couper en dés.

Au mélangeur ou au robot culinaire, mélanger la viande de dinde, la saucisse, le thym, les oignons, le persil et un peu de crème.

Mélanger le reste de crème avec l'assaisonnement et ajouter dans la préparation à la viande, en mélangeant jusqu'à consistance suffisamment homogène. Saler et poivrer au goût. Servir le pâté dans des petits pots, accompagné de pain de blé entier très légèrement beurré.

Ingrédients

1 cuisse de dinde congelée de 1 kg (2 lb)

3 cubes de bouillon de poulet, émiettés

1 oignon émincé

1 branche de céleri avec les pluches, tranchée

1 carotte coupée en gros dés

Sel et poivre noir du moulin

30 g (2 c. à soupe) de saucisse au pâté de foie, hachée

5 g (1 c. à thé) de thym séché

4 oignons verts hachés finement

60 g (¼ tasse) de persil haché

125 ml (½ tasse) de crème légère

30 g (2 c. à soupe) d'assaisonnement pour salade de chou

Pâté de campagne

6 portions • 25 minutes de préparation • 3 à 4 heures de cuisson

Préparation

Faire chauffer le beurre dans une poêle et faire légèrement dorer le foie, le bacon et les oignons. Ajouter le brandy, le sel, les grains de poivre et le thym, et hacher la préparation très grossièrement au robot culinaire ou au mélangeur.

Beurrer légèrement une terrine, y verser la préparation et lisser le dessus. Couvrir de papier aluminium. Verser un peu d'eau dans la mijoteuse et cuire la terrine à faible intensité pendant environ 4 h ou à intensité élevée pendant environ 3 h.

Faire dissoudre la gélatine dans l'eau selon les indications données sur l'emballage. Mettre dans un petit bol, ajouter le bouillon et le persil et mélanger. Laisser reposer jusqu'à ce que le mélange commence à épaissir, puis le verser à la cuillère sur le dessus de la terrine. Mettre au frais assez longtemps. Garnir de rondelles de cornichon.

Ingrédients

30 g (2 c. à soupe) de beurre

250 g (8 oz) de foie de veau haché

250 g (8 oz) de bacon maigre haché

2 oignons moyens hachés

30 ml (2 c. à soupe) de brandy

5 g (1 c. à thé) de sel

5 g (1 c. à thé) de poivre en grains

5 g (1 c. à thé) de thym séché

1 g (¼ c. à thé) de gélatine

60 ml (¼ tasse) de bouillon de bœuf

60 g (¼ tasse) de persil haché

Cornichons surs

Pâté de poulet étagé

8 portions · 20 minutes de préparation · 2 à 5 heures de cuisson

Préparation

Faire fondre le beurre dans une poêle et faire revenir les foies de poulet jusqu'à ce qu'ils soient dorés. Les retirer de la poêle. Ajouter l'oignon et le faire ramollir.

Mettre les foies et l'oignon dans le récipient d'un mélangeur ou d'un robot culinaire et hacher jusqu'à ce que le mélange soit homogène. Mélanger la préparation à base de foies et tous les autres ingrédients, sauf les tranches de poulet.

Graisser une terrine et déposer au fond un tiers de la préparation, puis couvrir avec une couche de tranches de poulet. Déposer un autre tiers de la préparation et couvrir avec les tranches de poulet restantes. Ajouter le reste de la préparation, lisser la surface de la terrine et couvrir avec du papier aluminium ou du papier parchemin.

Mettre 5 cm (2 po) d'eau dans la mijoteuse et y déposer la terrine. Faire cuire à faible intensité pendant 4 à 5 h ou à intensité élevée pendant 2 à 3 h. Vérifier la cuisson à l'aide d'une brochette : si le jus est clair, le pâté est cuit.

Ingrédients

30 g (2 c. à soupe) de beurre

120 g (4 oz) de foies de poulet, hachés

1 oignon blanc haché finement

500 g (1 lb) de veau et de porc hachés mélangés

1 œuf battu légèrement

3 g (½ c. à thé) d'herbes séchées mélangées

Zeste d'un demi-citron

60 g (¼ tasse) de persil haché

Sel et poivre noir du moulin

30 ml (2 c. à soupe) de xérès sec

125 g (½ tasse) de chapelure de blé entier fraîche

250 g (8 oz) de filets de poitrine de poulet, coupés en fines tranches

Pâté fermier

6 portions · 25 minutes de préparation · 4 à 5 heures de cuisson

Préparation

Faire chauffer le beurre dans une poêle et faire revenir les foies de poulet et l'oignon. Hacher la préparation au mélangeur ou au robot culinaire, puis mélanger avec tous les autres ingrédients, sauf le bacon.

Mettre deux tranches de bacon dans le sens de la longueur dans une petite terrine. Déposer la préparation à la viande et bien presser avec le dos d'une cuillère. Mettre les deux autres tranches de bacon sur le dessus.

Couvrir avec du papier aluminium, puis avec le couvercle de la terrine. Verser un peu d'eau dans la mijoteuse et cuire la terrine à faible intensité pendant environ 4 à 5 h.

Sortir la terrine de la mijoteuse, enlever l'excédent de gras et laisser refroidir. Garnir avec des fines herbes fraîches ou une feuille de laurier. Si désiré, on peut préparer une gelée et la verser sur le pâté et tout autour, ou la faire prendre dans un plat peu profond, la hacher grossièrement et s'en servir pour garnir la terrine.

Ingrédients

30 g (2 c. à soupe) de beurre

250 g (8 oz) de foies de poulet, nettoyés et hachés

1 gros oignon blanc haché finement

500 g (1 lb) de veau et de porc hachés mélangés

Zeste d'un demi-citron, râpé

15 ml (1 c. à soupe) de brandy

15 ml (1 c. à soupe) de vin blanc sec

3 g (½ c. à thé) de thym séché

4 tranches de bacon découenné

Rillettes à la macédoine de légumes

6 à 8 portions • 30 minutes de préparation • 8 heures de cuisson

Préparation

Mettre les tranches de bœuf, les pieds de porc, le sel, les grains de poivre, le vinaigre, la carotte entière, le thym, le céleri et les brins de persil dans la mijoteuse. Couvrir avec 750 ml (3 tasses) d'eau froide. Cuire à faible intensité pendant environ 8 h ou toute la nuit.

Retirer délicatement la viande et la carotte de la mijoteuse et les réserver. Couper la carotte en rondelles. Filtrer le bouillon à travers une étamine ou une passoire fine (pour un bouillon clair, effectuer l'opération deux fois).

Réserver 250 à 300 ml (1 à 1½ tasse) de bouillon et garder le reste pour des soupes.

Dégraisser et dénerver les tranches de bœuf et hacher la viande finement. Détacher la viande des pieds de porc et la hacher finement. Mettre les viandes dans un bol et ajouter le persil haché, les cubes de jambon, les pois, la carotte et l'oignon vert.

Faire dissoudre la gélatine dans un peu d'eau chaude, l'incorporer au bouillon réservé, puis verser le liquide sur la préparation à la viande et mélanger doucement. Rectifier l'assaisonnement au besoin, mettre la préparation dans un moule à pain ou une terrine et mettre au frais. Servir les rillettes en tranches, accompagnées d'une salade verte.

Ingrédients

1,5 kg (3 lb) de jarret de bœuf, tranché

2 ou 3 pieds de porc frais

Sel et poivre noir du moulin

5 g (1 c. à thé) de poivre en grains

10 ml (2 c. à thé) de vinaigre blanc

1 carotte

1 branche de thym

1 branche de céleri tranchée

3 brins de persil entiers, plus 60 g (¼ tasse) de persil haché

2 grosses tranches de jambon (environ 500 g [1 lb]), coupées en cubes

125 g (½ tasse) de pois cuits et égouttés

1 oignon vert haché finement

10 g (2 c. à thé) de gélatine

Consommé de bœuf chic

2 ou 3 portions · 20 minutes de préparation · 8 heures de cuisson

Préparation

Faire fondre le beurre dans une poêle et faire revenir l'oignon jusqu'à ce qu'il ait ramolli.

Mettre l'oignon dans la mijoteuse et ajouter 250 ml (1 tasse) d'eau et tous les autres ingrédients, sauf le brandy et le persil ou la ciboulette. Faire mijoter à faible intensité pendant 8 h, pour que le consommé soit prêt à l'heure du souper.

Ajouter le brandy et servir le consommé garni de persil ou de ciboulette.

Ingrédients

60 g (4 c. à soupe) de beurre

1 oignon blanc émincé finement

410 ml (1⅔ tasse) de consommé de bœuf en conserve

1 petite carotte en julienne

½ branche de céleri tranchée finement en biais

½ petit navet en julienne

Sel et poivre assaisonné*

10 ml (2 c. à thé) de brandy

60 g (¼ tasse) de persil ou de ciboulette hachés

* Poivre assaisonné : Mélange d'épices séchées en pot disponible en différentes marques au commerce. Il est constitué de poivre noir, de poivron rouge, de poivron vert, d'ail et d'oignon.

Minestrone

6 à 8 portions • 25 minutes de préparation • 10 heures de cuisson

Préparation

Mélanger tous les ingrédients dans la mijoteuse. Cuire à faible intensité pendant au moins 10 h.

Retirer le jarret de la soupe lorsque la viande se détache de l'os et hacher la viande grossièrement. Remettre la viande dans la mijoteuse et cuire à intensité élevée jusqu'à ce que la soupe soit très bien réchauffée. Goûter la soupe et, si les tomates l'ont rendue acide, ajouter un peu de sucre brut. Garnir la soupe de parmesan et la servir accompagnée de pain croûté.

Ingrédients

1 jarret de veau, dégraissé

1 gousse d'ail pilée

1 carotte moyenne hachée finement

1 gros oignon haché

500 ml (2 tasses) de bouillon de bœuf

5 g (1 c. à thé) de sel

5 g (1 c. à thé) de poivre noir
du moulin

750 ml (3 tasses) de jus de tomate

3 tomates hachées

6 g (2 c. à thé) d'extrait de levure

2 feuilles de laurier

1 branche de thym

125 g (½ tasse) de persil haché

70 g (½ tasse) de macaronis

60 g (¼ tasse) de chou coupé
en lanières

Soupe aux pois et au jambon

6 à 8 portions · 20 minutes de préparation · 8 à 12 heures de cuisson

Préparation

Rincer les pois et les mettre dans la mijoteuse. Ajouter tous les autres ingrédients et cuire à faible intensité pendant au moins 8 h. Cette soupe est meilleure si elle est mijotée longtemps; 10 à 12 h de cuisson en augmenteront la saveur.

Retirer les feuilles de laurier, le thym et le jarret de porc. Dégraisser le jarret, hacher la viande et la remettre dans la soupe. La servir très chaude.

Ingrédients

400 g (1½ tasse) de pois secs jaunes ou verts

1 oignon en dés

2 feuilles de laurier

1 branche de thym

Sel et poivre noir du moulin

1 jarret de jambon de taille moyenne

2 l (8 tasses) de bouillon de poulet ou de légumes

Crème de citrouille

6 à 8 portions · 25 minutes de préparation · 3 à 6 heures de cuisson

Préparation

Mélanger tous les ingrédients, sauf la crème et le persil, dans la mijoteuse et ajouter 2 l (8 tasses) d'eau. Cuire jusqu'à ce que la citrouille soit tendre, environ 4 à 5 h à faible intensité ou 3 h à intensité élevée.

Retirer la feuille de laurier et réduire la préparation en purée, une tasse à la fois, au mélangeur ou au robot culinaire. Remettre dans la mijoteuse et réchauffer. Environ 1 h avant de servir, ajouter la crème et réchauffer. Servir la soupe garnie de persil frais.

Ingrédients

500 g (1 lb) de citrouille pelée et coupée en morceaux

500 ml (2 tasses) de jus de tomate

12,5 g (1 c. à soupe) de cassonade

2 cubes de bouillon de poulet, émiettés

1 filet de tabasco

1 feuille de laurier

Sel et poivre noir du moulin

125 ml (½ tasse) de crème épaisse

60 g (¼ tasse) de persil haché

Chaudrée de pétoncles

4 à 6 portions • 10 minutes de préparation • 2 à 3 heures de cuisson

Préparation

Mettre les pétoncles dans la mijoteuse avec le vin blanc et les fines herbes. Cuire à faible intensité pendant 1 h.

Mélanger les autres ingrédients et les mettre dans la mijoteuse. Cuire à intensité élevée pendant 1 h à 1 h 30 min ou à faible intensité pendant 1 h 30 min à 2 h, jusqu'à ce que la chaudrée soit bien réchauffée, mais ne pas la faire trop cuire.

Ingrédients

12 pétoncles coupés en dés

125 ml (½ tasse) de vin blanc

1 branche de thym

1 feuille de laurier

250 ml (1 tasse) de crème épaisse

3 l (12 tasses) de lait

500 ml (2 tasses) de bouillon de poulet

Sel et poivre noir du moulin

6 oignons verts hachés

Spaghettis aux boulettes de viande

4 portions · 25 minutes de préparation · 4 heures de cuisson

Préparation

Mélanger la viande, les oignons et l'ail et façonner des boulettes. Faire chauffer l'huile dans une poêle et faire revenir légèrement les boulettes.

Mettre les boulettes dans la mijoteuse et ajouter tous les ingrédients restants, sauf les pâtes et le fromage. Cuire à faible intensité pendant environ 4 h.

Faire bouillir une grande casserole d'eau salée, ajouter les spaghettis et cuire pendant 8 min ou *al dente* (encore fermes au centre). Égoutter les pâtes, puis les mettre dans la mijoteuse et les enrober de sauce. Servir le plat saupoudré de parmesan.

Ingrédients

500 g (1 lb) de bœuf haché

2 oignons blancs hachés finement

1 gousse d'ail pilée

15 ml (1 c. à soupe) d'huile végétale

3 g (½ c. à thé) de basilic séché

1 feuille de laurier

Sel et poivre noir du moulin

400 g (14 oz 1¾ tasse) de tomates en conserve, égouttées

10 ml (2 c. à thé) de sauce Worcestershire

45 ml (3 c. à soupe) de pâte de tomate

500 g (1 lb) de spaghettis de blé entier

24 g (2 c. à soupe) de parmesan râpé

Palette de bœuf braisée

4 ou 5 portions · 30 minutes de préparation · 6 à 8 heures de cuisson

Préparation

Fariner chaque morceau de viande.

Faire chauffer le beurre dans une poêle, puis saisir la viande de chaque côté. Mettre la viande dans la mijoteuse. Mettre l'oignon émincé dans la poêle et le faire dorer.

Ajouter l'oignon dans la mijoteuse, ainsi que le sel et le poivre, le bouillon et l'angustura, s'il y a lieu. Cuire à faible intensité pendant 6 à 8 h.

Ingrédients

750 g (1½ lb) de palette
ou d'intérieur de ronde, coupés
en quatre morceaux

20 g (2 c. à soupe) de farine
tout usage

60 g (4 c. à soupe) de beurre

1 oignon jaune émincé

Sel et poivre noir du moulin

250 ml (1 tasse) de bouillon de bœuf

5 ml (1 c. à thé) d'angustura
(facultatif)

Rôti de bœuf braisé au vin rouge

6 à 8 portions • 45 minutes de préparation • 6 à 7 heures de cuisson

Préparation

Éponger le bœuf avec du papier absorbant. À l'aide de la pointe d'un couteau tranchant, faire des entailles dans la viande et y insérer les lamelles d'ail.

Faire chauffer l'huile dans un poêlon à fond épais. Faire revenir l'oignon jusqu'à ce qu'il soit doré et ait ramolli. Ajouter la viande et la faire bien dorer, en la tournant de temps à autre.

Faire chauffer le brandy dans une petite casserole, puis l'enflammer et le verser sur la viande. Laisser flamber, ajouter le vin et laisser frémir pendant environ 5 min. Mettre la viande dans la mijoteuse.

Ajouter les pattes de cochon, les carottes, l'ail pilé et les herbes, puis verser 250 ml (1 tasse) d'eau ou de lait tiède. Assaisonner au goût et cuire à faible intensité pendant environ 6 h. Vérifier la tendreté au bout de 5 h environ : la viande ne doit pas cuire au point de se défaire. Retirer la viande et la laisser reposer.

Filtrer le bouillon à travers une étamine ou une passoire en nylon et le laisser reposer jusqu'à ce que le gras ait figé sur le dessus. Retirer délicatement le gras et filtrer le liquide une autre fois. Faire réduire le liquide jusqu'à ce qu'il ait un peu épaissi pour former une sauce. Trancher le bœuf et le servir accompagné de légumes vapeur et de la sauce.

Ingrédients

1 rôti de bœuf de bonne qualité de 2 kg (4 lb), dégraissé

2 gousses d'ail en fines lamelles, plus 1 gousse pilée

15 ml (1 c. à soupe) d'huile végétale

1 gros oignon émincé

45 ml (3 c. à soupe) de brandy

125 ml (½ tasse) de vin rouge

2 pattes de cochon fraîches, lavées et hachées grossièrement

3 carottes hachées grossièrement

2 feuilles de laurier

3 brins de persil

3 branches de thym

Sel et poivre noir du moulin

Curry de veau crémeux

4 portions · 30 minutes de préparation · 6 heures de cuisson

Préparation

Faire chauffer l'huile dans une sauteuse et faire revenir le veau. Ajouter l'oignon et l'ail et les faire sauter. Ajouter ensuite la poudre de curry et cuire à feu doux pendant quelques minutes, en remuant de temps à autre.

Mettre la préparation au veau dans la mijoteuse et ajouter le poivron, les feuilles de laurier et le bouillon. Cuire à faible intensité pendant environ 6 h.

Environ 30 min avant de servir, incorporer le lait de coco ou la crème de noix de coco. Retirer les feuilles de laurier et servir le curry accompagné de riz et garni de coriandre ou de persil.

Ingrédients

15 ml (1 c. à soupe) d'huile végétale

500 g (1 lb) de veau à ragoût, paré et coupé en cubes

1 gros oignon blanc émincé

½ gousse d'ail pilée ou hachée

5 g (1 c. à thé) de poudre de curry

1 gros poivron rouge tranché

2 feuilles de laurier

180 ml (¾ tasse) de bouillon de poulet ou de veau

125 ml (½ tasse) de lait de coco frais ou 60 ml (¼ tasse) de crème de noix de coco en conserve

190 g (1 tasse) de riz

Un peu de coriandre ou de persil

Ragoût tout simple

6 portions · 15 minutes de préparation · 10 heures de cuisson

Préparation

Mettre la viande dans la mijoteuse avec 500 ml (2 tasses) d'eau et tous les autres ingrédients, sauf la farine. Remuer légèrement et cuire à faible intensité pendant au moins 10 h, jusqu'à ce que la viande soit tendre.

Filtrer 125 ml (½ tasse) du liquide au-dessus d'une petite casserole et y délayer très délicatement la farine. Porter à faible ébullition, en remuant constamment jusqu'à épaississement, puis reverser dans la mijoteuse et remuer doucement. Réchauffer à intensité élevée. Servir le ragoût saupoudré de persil.

Ingrédients

400 g (14 oz) de bœuf à ragoût, paré et coupé en cubes de 25 mm (1 po)

1 sachet de soupe à l'oignon

1 feuille de laurier

1 branche de thym

5 g (1 c. à thé) de poivre assaisonné*

10 g (1 c. à soupe) de farine tout usage

* Poivre assaisonné : Mélange d'épices séchées en pot disponible en différentes marques au commerce. Il est constitué de poivre noir, de poivron rouge, de poivron vert, d'ail et d'oignon.

Jarrets d'agneau à l'orange

4 portions • 30 minutes de préparation • 8 à 10 heures de cuisson

Préparation

Mettre les jarrets dans la mijoteuse et disposer les oignons, les oranges et le citron entre les jarrets et autour.

Mélanger le vin et le bouillon et assaisonner au goût. Poser les feuilles de laurier ou la tige de romarin sur les jarrets puis verser le mélange de vin. Cuire à faible intensité pendant environ 8 h ou toute la nuit.

Pour servir, retirer les rondelles d'agrumes et le laurier ou le romarin. Écumer au maximum la surface du liquide. Retirer délicatement les jarrets et les dresser sur un plat de service chaud. Ajouter la liqueur au liquide, réchauffer à intensité élevée et verser sur les jarrets. Garnir avec des demi-rondelles d'orange supplémentaires et des herbes fraîches.

Ingrédients

4 jarrets d'agneau, dégraissés

2 oignons blancs émincés

3 oranges en rondelles

1 citron en rondelles

250 ml (1 tasse) de vin blanc sec

125 ml (½ tasse) de bouillon de poulet

Sel et poivre noir du moulin

2 feuilles de laurier ou 1 tige de romarin

15 ml (1 c. à soupe) de Grand Marnier ou de Cointreau

Agneau au romarin à la grecque

6 portions • 25 minutes de préparation • 5 à 8 heures de cuisson

Préparation

Mettre l'agneau dans la mijoteuse avec tous les autres ingrédients, sauf les tiges de romarin. Cuire à faible intensité pendant environ 6 à 8 h ou à intensité élevée pendant environ 5 à 6 h.

Si l'on préfère une sauce plus épaisse, délayer de la farine tout usage dans un peu de liquide de cuisson. Remettre le mélange dans la mijoteuse et cuire à intensité élevée jusqu'à épaississement, en remuant de temps à autre, ou bien mettre le mélange dans une petite casserole et faire chauffer sur le feu en battant jusqu'à épaississement, puis remettre dans la mijoteuse.

Garnir de tiges de romarin et servir.

Ce plat s'accompagne à merveille d'un verre de retsina bien frais.

Ingrédients

1,5 kg (3 lb) d'agneau, paré et coupé en cubes

1 gros oignon blanc émincé finement

10 g (2 c. à thé) de romarin séché

1 g (¼ c. à thé) de poivre noir du moulin

1 g (¼ c. à thé) de sel

250 ml (1 tasse) de bouillon de poulet ou de veau

60 ml (¼ tasse) de vin blanc sec

10 g (1 c. à soupe) de farine tout usage

3 tiges de romarin

Rôti d'agneau braisé

4 portions • 25 minutes de préparation • 3 à 8 heures de cuisson

Préparation

Faire de petites incisions dans le rôti à l'aide d'un couteau très tranchant, puis y glisser une lamelle d'ail et une tige de romarin.

Faire chauffer l'huile dans une sauteuse et faire dorer l'agneau sur toutes ses faces. Retirer l'agneau de la sauteuse et le mettre dans la mijoteuse.

Dans la même sauteuse, mettre le beurre et cuire l'oignon pendant 1 à 2 min ou jusqu'à ce qu'il soit transparent. Le mettre dans la mijoteuse avec les autres ingrédients, sauf l'assaisonnement.

Couvrir et cuire à intensité élevée pendant 3 à 4 h ou à faible intensité pendant 6 à 8 h. Saler et poivrer.

Retirer la viande de la mijoteuse et la laisser reposer 10 min avant de la découper. Servir les tranches d'agneau avec les haricots et la sauce au persil.

Ingrédients

1 rôti d'agneau de 1,5 kg (3 lb)

2 gousses d'ail coupées en lamelles

2 tiges de romarin frais

30 ml (2 c. à soupe) d'huile d'olive

30 g (2 c. à soupe) de beurre

1 gros oignon émincé

400 g (1¾ tasse) de haricots de Lima en conserve, égouttés et rincés

60 g (¼ tasse) de persil italien haché

125 ml (½ tasse) de bouillon de poulet

Sel et poivre noir du moulin

Agneau boulangère

4 ou 5 portions • 20 minutes de préparation • 8 à 10 heures de cuisson

Préparation

Disposer les légumes en couches dans la mijoteuse, en assaisonnant et en ajoutant des branches de thym entre les couches.

Bien frotter l'agneau avec la partie coupée de l'ail, l'assaisonner et le poser sur le lit de légumes. Verser le bouillon et cuire à faible intensité environ 8 à 10 h. Écumer le plus possible la surface du liquide, et servir l'agneau en tranches épaisses, accompagné des légumes et nappé de jus.

Ingrédients

2 oignons blancs émincés finement

2 pommes de terre en rondelles fines

2 tomates pelées et en rondelles

Sel et poivre noir du moulin

½ bouquet de thym

1 gousse d'ail coupée en quatre

1 petit gigot d'agneau, dégraissé et dénervé

125 ml (½ tasse) de bouillon de bœuf

Poulet au citron

4 ou 5 portions • 40 minutes de préparation • 4 à 6 heures de cuisson

Préparation

Couper le citron en deux, presser le jus et en badigeonner le poulet. Mettre la pelure du citron dans la cavité du poulet.

Graisser légèrement la mijoteuse et y mettre le bouquet garni. Poser le poulet sur le bouquet garni et disposer les carottes et les oignons autour du poulet. Verser le bouillon, assaisonner au goût et ajouter la muscade. Cuire pendant environ 6 h à faible intensité ou 4 à 5 h à intensité élevée (le temps de cuisson dépendra de la tendreté du poulet).

Pour faire la sauce, faire sauter les champignons. Prélever environ 125 ml (½ tasse) de bouillon de poulet de la mijoteuse, l'écumer au maximum et le porter à ébullition dans une petite casserole. Ajouter le bouillon dans les champignons et faire réduire, puis ajouter la crème et faire réduire jusqu'à obtenir une sauce liquide. Servir le poulet avec la sauce à la crème, garni d'amandes et de persil, si désiré.

Ingrédients

1 citron

1 poulet à rôtir de 1,5 kg (3 lb)

1 bouquet garni*

3 carottes en rondelles fines

6 oignons émincés finement

125 ml (½ tasse) de bouillon de poulet

Sel et poivre noir du moulin

1 pincée de muscade

15 g (1 c. à soupe) d'amandes effilées, grillées

60 g (¼ tasse) de persil haché

Sauce à la crème

170 g (1¾ tasse) de champignons de Paris tranchés

125 ml (½ tasse) de crème liquide

*Bouquet garni : thym, persil et laurier.

Salade de poulet au gingembre et à l'ananas

6 portions · 20 minutes de préparation · 3 à 5 heures de cuisson

Préparation

Mettre le poulet dans la mijoteuse et le recouvrir d'eau froide. Ajouter le sel, les grains de poivre, l'ail, la moitié des oignons et du gingembre. Cuire à faible intensité pendant environ 5 h ou à intensité élevée pendant 3 h (le temps de cuisson dépendra de la tendreté du poulet; la chair ne doit pas se détacher des os). Retirer le poulet du bouillon et le laisser refroidir. Conserver le bouillon pour faire des soupes.

Défaire le poulet en bouchées. Le mélanger avec le reste des oignons et de gingembre ainsi que tous les autres ingrédients, sauf l'assaisonnement et le persil. Ajouter l'assaisonnement, touiller, et garnir de persil.

Ingrédients

1 poulet à rôtir de 1,5 kg (3 lb)

Sel et poivre en grains

2 gousses d'ail

2 petits oignons blancs en rondelles

30 g (2 c. à soupe) de gingembre râpé

1 ananas en cubes

1 poivron rouge

30 ml (2 c. à soupe) de vinaigrette ou d'assaisonnement pour salade de chou

60 g (¼ tasse) de persil haché

Curry de poulet facile

4 ou 5 portions · 25 minutes de préparation · 4 à 6 heures de cuisson

Préparation

Parer les morceaux de poulet et les mettre dans la mijoteuse. Mélanger le mélange pour potage et la poudre de curry et saupoudrer les morceaux de poulet de ce mélange. Verser suffisamment d'eau pour à peine couvrir le poulet et cuire à intensité élevée pendant environ 4 h ou à faible intensité pendant environ 6 h.

Environ 1 h avant de servir, ajouter le zeste de citron et les haricots. Saler et poivrer au goût. Servir avec du riz.

Ingrédients

1 poulet de 1,5 kg (3 lb), coupé en huit morceaux

60 g (4 c. à soupe) de mélange pour potage aux poireaux et pommes de terre

15 g (1 c. à soupe) de poudre de curry doux

Zeste d'un demi-citron, râpé

250 g (1¾ tasse) de haricots verts blanchis

Sel et poivre noir du moulin

190 g (1 tasse) de riz

Vol-au-vent au poulet et aux champignons

4 portions • 40 minutes de préparation • 3 à 6 heures de cuisson

Préparation

Mettre le poulet, les cubes de bouillon, le sel et le poivre, le bouquet garni et les oignons dans la mijoteuse. Recouvrir d'eau froide et cuire à faible intensité pendant environ 4 à 6 h ou à intensité élevée pendant 3 à 4 h.

Une fois le poulet cuit, le laisser refroidir et couper sa chair en petits cubes. Filtrer le bouillon, en réserver 300 ml (1¼ tasse) pour la sauce et conserver le reste pour des soupes.

Faire chauffer le beurre dans une casserole à feu doux, ajouter 10 g (1 c. à soupe) de farine et remuer pendant 1 ou 2 min. Mélanger le lait et le bouillon de poulet réservé et incorporer peu à peu dans le mélange de beurre et de farine, en fouettant constamment. Porter à ébullition, puis réduire le feu et ajouter le xérès et la moutarde. Remuer jusqu'à épaississement. Ajouter délicatement le poulet en cubes, le poivron, les champignons et les oignons verts.

Verser la préparation dans la mijoteuse vide et réglée à intensité élevée et garder chaud. Entre-temps, cuire les vol-au-vent au four selon les directives données sur l'emballage. Pour servir, verser la préparation au poulet dans les vol-au-vent et garnir de persil haché.

Ingrédients

1 poulet à rôtir de 1,5 kg (3 lb)

2 cubes de bouillon de poulet, émiettés

Sel et poivre noir du moulin

1 bouquet garni*

3 oignons blancs émincés

30 g (2 c. à soupe) de beurre

10 g (1 c. à soupe) de farine tout usage

310 ml (1¼ tasse) de lait

30 ml (2 c. à soupe) de xérès sec

30 ml (2 c. à soupe) de moutarde de Dijon

1 poivron rouge haché finement

340 g (3½ tasses) de champignons en conserve, égouttés

4 oignons verts hachés

4 vol-au-vent de taille moyenne

60 g (¼ tasse) de persil haché

*Bouquet garni : thym, persil et laurier.

Canard braisé au brandy et au porto

4 portions • 35 minutes de préparation • 5 à 6 heures de cuisson

Préparation

Éponger le canard avec du papier absorbant et le passer légèrement dans 20 g (2 c. à soupe) de farine.

Dans une poêle, faire chauffer le beurre et l'huile et faire dorer le canard sur toutes ses faces. Le mettre ensuite dans la mijoteuse.

Au besoin, ajouter un peu de beurre dans la poêle. Mettre le bacon, l'oignon et les champignons et les faire dorer. Verser dans la poêle la moitié du brandy et la moitié du porto et faire mijoter pendant 1 à 2 min. Ajouter le reste de farine et cuire jusqu'à ce que la préparation soit bien dorée.

Ajouter peu à peu 250 ml (1 tasse) d'eau, en remuant constamment. Assaisonner au goût, ajouter le thym et verser la sauce sur le canard dans la mijoteuse. Cuire à faible intensité pendant à peu près 5 h. Environ 30 min avant de servir, incorporer le porto et le brandy restants dans la sauce. Servir avec des légumes verts.

Ingrédients

1 kg (2 lb) de canard bien dodu

40 g (4 c. à soupe) de farine tout usage

60 g (4 c. à soupe) de beurre

30 ml (2 c. à soupe) d'huile d'olive

2 tranches de bacon hachées

1 gros oignon haché

60 g (⅔ tasse) de petits champignons tranchés

60 ml (4 c. à soupe) de brandy

60 ml (4 c. à soupe) de porto

Sel et poivre noir du moulin

3 g (½ c. à thé) de thym séché

Morue fumée, beurre citronné aux herbes

6 portions • 30 minutes de préparation
• 1 heure 30 minutes à 2 heures 30 minutes de cuisson

Préparation

Détailler la morue en gros morceaux, en supprimant les parties dures qui se trouvent sur la peau. Mettre la morue dans la mijoteuse avec les grains de poivre, les rondelles de citron, le thym et le vin blanc et ajouter suffisamment d'eau pour recouvrir le poisson.

Cuire à faible intensité pendant environ 2 h à 2 h 30 min ou à intensité élevée pendant 1 h 30 min à 2 h (vérifier en cours de cuisson pour s'assurer que le poisson ne se défait pas). Retirer le poisson à l'aide d'une cuillère à égoutter, le dresser sur un plat de service et le tenir au chaud.

Pour faire le beurre aux herbes, faire fondre le beurre et ajouter tous les autres ingrédients. Verser le beurre sur le poisson au moment de servir, puis relever au goût avec le poivre assaisonné.

Si l'on veut préparer le beurre à l'avance, battre simplement tous les ingrédients ensemble (sans faire fondre le beurre), puis presser la préparation dans des petits pots et mettre au réfrigérateur.

Ingrédients

1 kg (2 lb) de morue fumée

Quelques grains de poivre

½ citron en rondelles

1 grosse branche de thym
ou de marjolaine

250 ml (1 tasse) de vin blanc

Beurre citronné aux herbes

120 g (8 c. à soupe) de beurre

2 g (⅓ c. à thé) de thym séché

Jus d'un demi-citron

Zeste de 1 citron, râpé

60 g (¼ tasse) de persil finement haché

60 g (¼ tasse) de poivre assaisonné*

* Poivre assaisonné : Mélange d'épices séchées en pot disponible en différentes marques au commerce. Il est constitué de poivre noir, de poivron rouge, de poivron vert, d'ail et d'oignon.

Casserole de morue fumée

6 à 8 portions • 25 minutes de préparation • 2 heures de cuisson

Préparation

Détailler le poisson en portions et le mettre dans la mijoteuse avec l'oignon, le vin, les grains de poivre, l'ail et le fenouil, l'aneth ou les graines d'anis. Cuire à faible intensité pendant 2 h environ. Vérifier le poisson au bout de 1 h 30 min, car le temps de cuisson dépendra de la tendreté du poisson et du fait qu'il ait été ou non surgelé.

Au cours des dernières 30 min de cuisson, ajouter quatre tomates et les olives. Pour servir, mettre le poisson et son jus dans un plat de service. Ajouter les oignons verts et garnir avec les quartiers de tomate restants.

Ingrédients

1 kg (2 lb) de morue fumée

1 oignon blanc émincé

250 ml (1 tasse) de vin blanc sec

5 g (1 c. à thé) de poivre en grains

5 g (1 c. à thé) d'ail pilé

60 g (¼ tasse) de fenouil, d'aneth ou de graines d'anis hachés

4 grosses tomates, plus 1, en quartiers

10 olives noires dénoyautées

6 oignons verts coupés en morceaux de 5 cm (2 po)

Paella mitonnée

8 portions • 35 minutes de préparation
• 1 heure à 1 heure 20 minutes de cuisson

Préparation

Préchauffer la mijoteuse à intensité élevée. Y mettre l'huile et les oignons et remuer. Ajouter ensuite l'ail, le thym, le zeste de citron et les tomates et cuire pendant 15 min.

Ajouter le riz, le mélange de safran et le bouillon chaud. Faire mijoter, en remuant de temps à autre, pendant 1 h 30 min ou jusqu'à ce que le riz ait absorbé presque tout le liquide.

Ajouter les pois, les poivrons rouges et les moules, remuer et cuire pendant 20 min. Ajouter le poisson, les crevettes et les pétoncles, remuer et cuire pendant 20 min. Ajouter les calmars et le persil, remuer et cuire pendant 20 min de plus ou jusqu'à ce que les fruits de mer soient cuits.

Ingrédients

15 ml (1 c. à soupe) d'huile d'olive

2 oignons hachés

2 gousses d'ail pilées

4 branches de thym frais,
seulement les feuilles

Zeste de 1 citron, râpé finement

4 tomates mûres hachées

475 g (2½ tasses) de riz blanc
à grains courts

1 pincée de stigmates de safran,
trempés dans 500 ml (2 tasses) d'eau

1,5 l (6 tasses) de bouillon de poisson
ou de poulet, chaud

290 g (2 tasses) de pois

2 poivrons rouges hachés

1 kg (2 lb) de moules, grattées
et ébarbées

500 g (1 lb) de filets de poisson blanc
à chair ferme, hachés

290 g (10 oz) de crevettes crues
décortiquées

250 g (8 oz) de pétoncles

3 calmars nettoyés et coupés
en rondelles

60 g (¼ tasse) de persil haché

Pétoncles au curry

6 portions • 25 minutes de préparation • 2 heures de cuisson

Préparation

Mettre les pétoncles, le vin blanc et le bouquet garni dans la mijoteuse et cuire à faible intensité pendant 1 h environ.

Vider le liquide et le réserver, jeter le bouquet garni et tenir les pétoncles au chaud dans la mijoteuse.

Mettre le liquide de cuisson avec le beurre dans une petite casserole et faire bouillir énergiquement pour que le liquide réduise. Incorporer la crème, la poudre de curry, le sel et le poivre, et faire bouillir de nouveau énergiquement pendant 2 à 3 min. Retirer du feu et laisser refroidir.

Battre les jaunes d'œufs avec le lait et les incorporer délicatement dans la préparation à la crème refroidie. Remettre la préparation dans la mijoteuse avec les pétoncles et cuire à intensité élevée pendant 45 à 60 min. Pour servir, déposer un peu de riz cuit dans un petit bol, déposer trois ou quatre pétoncles et verser à la cuillère une quantité généreuse de sauce. Servir aussitôt.

Ingrédients

250 g (8 oz) de pétoncles

125 ml (½ tasse) de vin blanc sec

1 bouquet garni*

120 g (½ tasse) de beurre

310 ml (1¼ tasse) de crème légère

3 g (½ c. à thé) de poudre de curry

Sel et poivre noir du moulin

2 jaunes d'œufs

30 ml (2 c. à soupe) de lait

190 g (1 tasse) de riz

*Bouquet garni : thym, persil et laurier.

Poisson aux agrumes et à l'estragon

4 portions • 25 minutes de préparation
• 1 heure à 2 heures 30 minutes de cuisson

Préparation

Découper quatre feuilles de papier aluminium et les beurrer légèrement. Déposer un morceau de poisson sur chaque feuille et assaisonner au goût.

Poser une branche d'estragon sur chaque morceau de poisson, puis une rondelle d'orange et une rondelle de citron posées côte à côte. Relever les bords du papier aluminium et verser 15 ml (1 c. à soupe) de vin sur chaque morceau de poisson. Replier ensuite le papier aluminium et bien sceller les papillotes. Les mettre dans la mijoteuse et cuire à intensité élevée pendant 1 h à 1 h 30 min ou à faible intensité pendant 2 h à 2 h 30 min.

Pour servir, déposer les papillotes sur des assiettes, ouvrir chaque papillote et remplacer les herbes et rondelles d'agrumes cuites par des herbes et rondelles d'agrumes fraîches. On peut aussi déposer délicatement le poisson sur l'assiette, remplacer les herbes et rondelles d'agrumes et arroser de jus de cuisson.

Ingrédients

600 g (21 oz) de filets de poisson blanc

Sel et poivre noir du moulin

8 grosses branches d'estragon

2 oranges, chacune coupée en quatre rondelles

2 citrons, chacun coupé en quatre rondelles

60 ml (4 c. à soupe) de vin blanc sec

Feuilles de vigne farcies, sauce tomate

6 portions • 20 minutes de préparation
• 1 heure 30 minutes à 2 heures 30 minutes de cuisson

Préparation

Si l'on utilise des feuilles de vigne fraîches, enlever les tiges, verser de l'eau bouillante sur les feuilles et les laisser ramollir pendant 1 à 2 min. Les sécher, puis badigeonner légèrement chaque feuille d'une goutte d'huile.

Mélanger tous les ingrédients pour faire la farce. Presser une poignée de farce pour la rendre ferme et la déposer sur une feuille. Rouler la feuille de manière à en faire un rouleau régulier et sceller en pressant légèrement. Répéter l'opération avec les autres feuilles. Disposer les feuilles avec soin dans le fond de la mijoteuse.

Pour faire la sauce tomate, faire chauffer le beurre dans une poêle et faire dorer l'oignon. Ajouter tous les autres ingrédients et cuire jusqu'à ce que le tout soit bien mélangé. Verser la sauce sur les feuilles de vigne farcies. Cuire à intensité élevée pendant environ 1 h 30 min ou à faible intensité pendant 2 h à 2 h 30 min.

Ingrédients

12 feuilles de vigne, en conserve ou fraîches

500 g (2 tasses) de riz brun cuit

5 g (1 c. à thé) d'herbes séchées mélangées

1 pincée de muscade

Sel et poivre noir du moulin

5 g (1 c. à thé) d'ail séché

2 tomates pelées et hachées

60 g (¼ tasse) de persil haché

3 ml (½ c. à thé) d'angustura (facultatif)

2 oignons verts hachés finement

Sauce tomate

15 g (1 c. à soupe) de beurre

1 oignon en dés

400 g (2¼ tasses) de tomates italiennes en conserve, égouttées et hachées

8 g (2 c. à thé) de cassonade

1 pincée d'herbes séchées

15 ml (1 c. à soupe) de pâte de tomate

45 ml (3 c. à soupe) de vin rouge sec

60 g (¼ tasse) de persil haché

Cannellonis aux herbes, sauce tomate

3 ou 4 portions • 25 minutes de préparation
• 1 heure 30 minutes à 2 heures 30 minutes de cuisson

Préparation

Faire bouillir une grande casserole d'eau salée. Ajouter les cannellonis et cuire pendant 8 min ou *al dente* (encore fermes au centre). Égoutter, réserver et tenir au chaud. Mettre les fromages, les herbes, les oignons verts, le sel et le poivre et l'angustura dans un bol et mélanger vigoureusement.

Pour faire la sauce, mélanger tous les ingrédients.

Beurrer légèrement le fond de la mijoteuse. Farcir les cannellonis avec la préparation au fromage. Verser un peu de sauce tomate dans la mijoteuse, disposer les cannellonis et répartir le reste de la sauce. Cuire pendant 1 h à 1 h 30 min à intensité élevée ou pendant 2 h à 2 h 30 min à faible intensité. Servir les pâtes saupoudrées de parmesan supplémentaire et de feuilles de persil.

Ingrédients

8 cannellonis

250 g (1 tasse) de fromage cottage

30 g (2½ c. à soupe) de parmesan râpé

5 g (1 c. à thé) d'herbes séchées mélangées

6 oignons verts hachés finement

Sel et poivre noir du moulin

Quelques gouttes d'angustura (facultatif)

Sauce tomate

250 ml (1 tasse) de coulis de tomate

3 à 4 oignons verts hachés

10 ml (2 c. à thé) de sauce Worcestershire

4 gouttes d'angustura

1 grosse gousse d'ail pilée

Mijoté de légumes et de haricots argentin

4 portions • 35 minutes de préparation
• 1 heure 30 minutes à 2 heures 30 minutes de cuisson

Préparation

Dans une grande poêle, faire chauffer l'huile à feu moyen. Cuire l'oignon, l'ail, le poivron et le piment jusqu'à ce qu'ils aient ramolli. Ajouter le paprika et cuire jusqu'à ce que le mélange soit aromatique.

Mettre le contenu de la poêle dans la mijoteuse réglée à intensité élevée et ajouter les tomates et le bouillon de légumes. Remuer pour mélanger le tout, puis ajouter les pommes de terre, la patate douce et la carotte. Porter à ébullition. Régler la mijoteuse à faible intensité, couvrir et laisser mijoter pendant 1 h 30 min, jusqu'à ce que les légumes soient tendres.

Ajouter les haricots, le chou et la coriandre. Saler et poivrer. Laisser mijoter 30 min de plus ou jusqu'à ce que le chou soit cuit.

Ce plat est délicieux avec du pain croûté.

Ingrédients

15 ml (1 c. à soupe) d'huile d'olive

1 oignon en petits dés

2 gousses d'ail pilées

1 poivron rouge en dés

1 piment jalapeño, épépiné et en dés

5 g (1 c. à thé) de paprika doux

400 g (1¾ tasse) de tomates en dés en conserve

500 ml (2 tasses) de bouillon de légumes

250 g (1¼ tasse) de pommes de terre nouvelles en quartiers

250 g (1¼ tasse) de patate douce en dés

1 carotte en rondelles

400 g (1¾ tasse) de petits haricots blancs en conserve, rincés et égouttés

200 g (1⅓ tasse) de chou frisé en lanières

60 g (¼ tasse) de coriandre fraîche, hachée

Sel et poivre noir du moulin

Casserole d'aubergine et de tomate

4 portions · 90 minutes de préparation · 4 heures de cuisson

Préparation

Couvrir l'aubergine avec une poignée de sel et la laisser dégorger pendant 1 h environ. La rincer et bien l'égoutter.

Mélanger l'aubergine avec tous les autres ingrédients, sauf le yogourt. Mettre la préparation dans la mijoteuse et cuire à faible intensité pendant 4 h environ. Vérifier si l'aubergine est cuite.

Régler la mijoteuse à intensité élevée. Incorporer le yogourt et bien réchauffer. Retirer les feuilles de laurier et servir.

Si désiré, on peut saupoudrer chaque portion de chapelure de blé entier qu'on aura fait frire dans un peu de beurre.

Ingrédients

1 aubergine moyenne en cubes

1 poignée de sel

250 g (1⅓ tasse) de tomates en rondelles

2 gousses d'ail pilées

1 g (¼ c. à thé) de poivre de Cayenne ou un filet de tabasco

1 morceau de 1 cm (½ po) de gingembre frais, râpé

5 g (1 c. à thé) de coriandre moulue

2 feuilles de laurier

12,5 g (1 c. à soupe) de cassonade

125 ml (½ tasse) de yogourt nature

Casserole de champignons

4 portions • 35 minutes de préparation • 1 à 3 heures de cuisson

Préparation

Dans une grande poêle, faire chauffer le beurre, ajouter les champignons et les oignons verts et les faire sauter pendant à peu près 10 min. Ajouter le mélange pour soupe à l'oignon, bien mélanger et cuire pendant environ 5 min.

Mélanger le poivre, le paprika et la crème sure et incorporer ce mélange dans la préparation aux champignons. Mettre la préparation dans la mijoteuse et cuire à intensité élevée pendant environ 1 h à 1 h 30 min ou à faible intensité pendant 2 à 3 h. Juste avant de servir, ajouter le persil haché. Servir avec du riz brun.

Ingrédients

60 g (¼ tasse) de beurre

1 kg (2 lb) de champignons tranchés

10 oignons verts tranchés
en morceaux de 25 mm (1 po)

60 g (4 c. à soupe) de mélange pour
soupe à l'oignon

Poivre noir du moulin

15 g (1 c. à soupe) de paprika doux

250 à 375 ml (1 à 1½ tasse)
de crème sure

125 g (½ tasse) de persil haché
finement

190 g (1 tasse) de riz brun

Pain à la banane et au yogourt

1 pain • 40 minutes de préparation • 3 heures de cuisson

Préparation

Travailler le beurre et le sucre en crème. Ajouter l'œuf et les bananes écrasées et mélanger vigoureusement.

Mélanger la farine et le sel et ajouter les noix. Ajouter le mélange de farine et le yogourt en alternance dans la préparation aux bananes, par petites quantités, puis mélanger vigoureusement.

Graisser un moule à pain de 12 x 22 cm (5 x 9 po), y verser la pâte à la cuillère et couvrir avec un couvercle.

Mettre le moule dans la mijoteuse et cuire à intensité élevée pendant environ 2 h 30 min à 3 h ou jusqu'à ce qu'une brochette piquée dans le pain en ressorte propre. Laisser le pain refroidir 10 min puis le démouler sur une grille pour qu'il refroidisse complètement.

Saupoudrer le pain d'un mélange de cannelle et de sucre à glacer et servir en tranches tartinées de beurre.

Ingrédients

60 g (¼ tasse) de beurre
120 g (⅔ tasse) de sucre
1 œuf légèrement battu
2 grosses bananes écrasées
250 g (1⅔ tasse) de farine de blé entier avec levure
1 pincée de sel
120 g (1 tasse) de noix de Grenoble hachées grossièrement
45 ml (3 c. à soupe) de yogourt nature
Petite quantité de cannelle
Petite quantité de sucre à glacer

Gâteau aux fruits et noix

1 gâteau · 30 minutes de préparation · 5 heures de cuisson

Préparation

Dans un bol, travailler le beurre et la cassonade en crème. Incorporer graduellement les œufs. Ajouter les fruits, les noix et la farine, puis le lait.

Graisser un moule à charnière de 22 cm (9 po) et en tapisser le fond et les parois avec du papier parchemin. Verser la pâte à gâteau à la cuillère, couvrir et mettre dans la mijoteuse. Cuire à intensité élevée pendant 4 h 30 min à 5 h, en veillant à ne pas soulever le couvercle de la mijoteuse ni celui du moule avant la dernière heure de cuisson.

Ingrédients

250 g (1 tasse) de beurre

250 g (1¼ tasse) de cassonade

5 œufs bien battus

500 g (3½ tasses) de raisins secs blonds

170 g (1 tasse) de cerises glacées

120 g (¾ tasse) de noix de Grenoble en morceaux

200 g (1⅓ tasse) de farine tout usage

15 ml (1 c. à soupe) de lait

Gâteau riche aux petits fruits

8 portions • 30 minutes de préparation • 3 heures de cuisson

Préparation

Travailler le beurre, le sucre et la vanille en crème, puis incorporer les œufs.

Tamiser ensemble la farine, la levure chimique et le sel, puis incorporer le mélange d'épices. Ajouter la farine épicée et le lait en alternance dans la préparation au beurre, en remuant délicatement et en commençant et en terminant par la farine. Verser la pâte à la cuillère dans un moule à charnière de 20 cm (8 po) graissé et fariné, lisser la surface et disposer les petits fruits sur le dessus.

Couvrir le moule et le mettre dans la mijoteuse. Cuire à intensité élevée pendant environ 3 h, en veillant à ne pas retirer le couvercle de la mijoteuse ni celui du moule avant la dernière heure de cuisson. Saupoudrer de cannelle et de sucre à glacer et servir chaud ou froid avec de la crème épaisse.

Ingrédients

120 g (½ tasse) de beurre

50 g (¼ tasse) de sucre blanc

8 ml (1½ c. à thé) d'extrait de vanille

2 œufs légèrement battus

300 g (2 tasses) de farine tout usage

10 g (2 c. à thé) de levure chimique

Sel

5 g (1 c. à thé) de mélange d'épices*

125 ml (½ tasse) de lait

135 g (¾ tasse) de petits fruits au choix

Petite quantité de cannelle

Petite quantité de sucre à glacer

125 ml (½ tasse) de crème épaisse

*Mélange d'épices pour le Gâteau riche aux petits fruits : cannelle, cardamome, gingembre, graine de coriandre, graine d'anis, clou de girofle, poivre blanc et muscade (ou acheter un mélange d'assaisonnement à pain d'épice du commerce).

Pain santé

1 pain • 40 minutes de préparation • 3 heures de cuisson

Préparation

Mélanger le son, la cassonade, les raisins secs et le babeurre et laisser reposer pendant environ 15 min.

Mélanger la farine, la levure chimique, le germe de blé et les noix, puis ajouter à la préparation aux raisins et mélanger le tout vigoureusement. Verser la pâte à la cuillère dans un moule à charnière de 22 cm (9 po) graissé, lisser la surface et couvrir.

Mettre le moule dans la mijoteuse et cuire à intensité élevée pendant environ 3 h, en veillant à ne pas retirer le couvercle de la mijoteuse ni celui du moule avant la dernière heure de cuisson. Sortir le moule de la mijoteuse, retirer le couvercle et laisser le pain refroidir un peu avant de le démouler sur une grille pour qu'il refroidisse complètement.

Servir le pain en tranches tartinées de beurre.

On peut aussi servir ce pain en tranches tartinées de beurre et de miel ou de confiture d'abricots.

Ingrédients

125 g (½ tasse) de son non transformé

150 g (¾ tasse) de cassonade

75 g (½ tasse) de raisins secs blonds

150 g (1 tasse) de raisins secs

310 ml (1¼ tasse) de babeurre

225 g (1½ tasse) de farine de blé entier

8 g (1½ c. à thé) de levure chimique

60 g (¼ tasse) de germe de blé

40 g (¼ tasse) de noix de Grenoble hachées

Petits gâteaux sablés aux pommes et raisins

10 à 12 petits gâteaux • 40 minutes de préparation • 3 à 4 heures de cuisson

Préparation

Pour faire la pâte, mélanger les farines, la levure chimique et la cannelle, puis incorporer le beurre. Ajouter un peu d'eau et pétrir très légèrement pour obtenir une pâte malléable. Réserver pour rafraîchir.

Mettre les pommes dans la mijoteuse avec 15 ml (1 c. à soupe) d'eau et tous les autres ingrédients de la garniture. Cuire pendant environ 3 h à faible intensité ou jusqu'à ce que les pommes soient tendres. Vérifier les pommes de temps à autre. Retirer les clous de girofle et, si la préparation est trop mouillée, l'égoutter. Laisser refroidir.

Préchauffer le four à 200 °C (400 °F). Abaisser la pâte sur une planche farinée et découper 10 à 12 fonds de pâte et la même quantité pour les dessus. Tapisser des petits moules à gâteaux graissés avec les fonds de pâte, déposer un peu de garniture, puis poser les dessus et faire un trou d'aération dans la pâte. Cuire au four pendant environ 45 min.

Saupoudrer les gâteaux d'un peu de sucre à glacer et les servir soit chauds avec de la crème en guise de dessert, soit froids en guise de collation l'après-midi.

Ingrédients

500 g (2 tasses) de pommes à cuire, pelées et tranchées finement

50 g (¼ tasse) de cassonade

4 clous de girofle

75 g (½ tasse) de raisins secs

Zeste de 1 citron

1 filet de jus de citron

Pâte

250 g (1⅔ tasse) de farine tout usage

40 g (8 c. à thé) de farine de blé entier

3 g (½ c. à thé) de levure chimique

3 g (½ c. à thé) de cannelle

150 g (⅔ tasse) de beurre

Un peu de sucre à glacer pour décorer

Crème caramel au Grand Marnier

4 portions • 40 minutes de préparation • 3 à 4 heures de cuisson

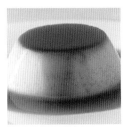

Préparation

Dans une casserole à fond épais, faire fondre la moitié du sucre. Ne pas remuer, laisser le sucre fondre et caraméliser.

Beurrer quatre moules à crème caramel, puis verser prestement le sucre fondu dans le fond des moules et les faire tourner pour que le caramel coule aussi haut que possible sur les parois.

Battre les œufs et y incorporer le lait en fouettant, ainsi que le Grand Marnier et le sucre restant. Continuer de fouetter jusqu'à ce que le sucre soit dissous. Verser la préparation dans les moules nappés de caramel et couvrir avec du papier aluminium. Mettre dans la mijoteuse et verser de l'eau jusqu'à mi-hauteur des moules. Cuire à faible intensité pendant environ 3 à 4 h.

Sortir les moules de la mijoteuse et mettre au frais pendant assez longtemps. Servir la crème soit dans le moule, soit démoulée délicatement sur une assiette et nappée du caramel.

Ingrédients

75 g (6 c. à soupe) de sucre blanc

3 œufs

625 ml (2½ tasses) de lait

30 ml (2 c. à soupe) de Grand Marnier

Compote de fruits mûrs

4 portions · 10 minutes de préparation · 1 à 3 heures de cuisson

Préparation

Mélanger tous les ingrédients dans la mijoteuse et cuire à faible intensité pendant 2 à 3 h ou à intensité élevée pendant 1 h à 1 h 30 min. Retirer les clous de girofle et le zeste d'orange et vérifier si le dessert est assez sucré en ajoutant du sucre ou du miel au goût.

Laisser refroidir, puis servir avec de la crème.

Cette recette est idéale pour employer des fruits trop mûrs.

Ingrédients

6 abricots dénoyautés et coupés en deux

150 g (¾ tasse) de cerises

6 prunes fraîches

1 pomme tranchée

100 g (½ tasse) de sucre

Zeste de 1 orange

3 clous de girofle

Pouding au riz crémeux

6 portions • 30 minutes de préparation • 1 à 6 heures de cuisson

Préparation

Réserver un peu de zeste d'orange pour la garniture. Mélanger ensuite le riz avec tous les autres ingrédients sauf la crème. Graisser légèrement l'intérieur de la mijoteuse et y verser à la cuillère la préparation à pouding.

Cuire à intensité élevée pendant environ 1 à 2 h ou à faible intensité pendant 4 à 6 h. Remuer de temps à autre durant la première heure de cuisson. Servir le pouding avec un peu de crème et une pincée de zeste d'orange râpé.

Ingrédients

Zeste de 1 orange, râpé

475 g (2½ tasses) de riz cuit

250 ml (1 tasse) de lait concentré non sucré de type Carnation ou 250 ml (1 tasse) de lait ordinaire plus 1 œuf battu 100 g (⅔ tasse) de cassonade

60 g (¼ tasse) de beurre ramolli

3 g (½ c. à thé) d'extrait de vanille

3 g (½ c. à thé) de cannelle ou de muscade moulues

50 g (⅓ tasse) de raisins secs blonds

125 ml (½ tasse) de crème pour accompagner

Bon appétit ....